Butterfly betritt den Chat

Pia Motrell

Dieses Buch widme ich Stuff. Sein realer Name ist unwichtig, denn während meiner Zeit im Chat und vor allem beim Schreiben dieses Buches habe ich intensiv gespürt, dass es verschiedene Realitäten gibt. Es wird Zeit für eine neue Realitätstheorie :)

Sie trug ihre Kaffeetasse zur Spülmaschine und zögerte. Ein Blick auf die Uhr zeigte, dass es gerade kurz nach eins war und sie würde sicher nachher noch einen Kaffee trinken. Also spülte sie die Tasse unter fließendem Wasser aus und schaute nach dem Haken, an dem normalerweise das Geschirrtuch hängt. „Wo ist das Geschirrtuch?" rief sie ins Wohnzimmer. „Schau doch einfach mal" kam es zurück. „Es hängt nicht an seinem Haken...." Ja bist du denn wirklich so blind, dass du es nicht siehst. Es hängt doch ganz groß und offen da." Suchend schaute sie sich in der Küche um und fand es über dem Griff der Türe, die in den Garten führt. Wortlos nahm sie es und trocknete ihre Tasse ab. Sie ärgerte sich nicht mehr über den Ton – sie hatte sich daran gewöhnt, dass er auf ihre Fragen selten eine konkrete Antwort gab, sondern den Schulmeister hervorkehrte. "Schau doch einfach mal richtig..." denk doch mal nach..." über was haben wir gestern gesprochen...", oft zusammen mit abfälligen Bemerkungen „bist du denn blind...." du hast ja überhaupt keine Ahnung..." dein Gedächtnis lässt echt nach..." Nicht selten stellte es sich bei Streitfragen heraus, dass sie recht hatte, was ihn dann allenfalls zu der Bemerkung veranlasste: „Jetzt bist du aber stolz, mal recht gehabt zu haben und ich bin mal wieder der Depp...." Das war einer seiner Lieblingsausdrücke – immer, wenn er unrecht hatte oder etwas nicht nach seinen Vorstellungen lief , zerfloss er in Selbstmitleid „Ich bin immer der Depp, ich mach und tu alles, und das ist der Dank...."

Am Anfang hatte sie noch versucht, sachlich mit ihm zu diskutieren, aber er empfand eine andere als seine Meinung grundsätzlich als Angriff und reagierte entsprechend aggressiv. Das ging von lautem Schreien bis zum Türen knallen und brachte unterm Strich nichts. Also ließ sie es. Das Haus war zum Glück groß genug, dass man sich weitestgehend aus dem Weg gehen konnte. So zog sie sich immer häufiger in ihr Arbeitszimmer zurück und verbrachte die Zeit vor dem Computer.Vor einigen Jahren waren sie aus der Großstadt aufs Land gezogen, weil sie beide die Natur liebten und einen großen Garten haben wollten. Sie hatten viel Energie und Arbeit in das Haus und den Garten gesteckt und fühlten sich auch wohl hier. Die Nachbarn waren sehr nett und Max traf sich jeden Mittwoch mit den wenigen Männern seines Alters auf ein Bier. Sie hatte sich noch nicht dazu durchringen können, zum einzigen Treff der Frauen, dem Landfrauentreff, zu gehen. Die Themen, über die dort gesprochen wurde, interessierten sie nicht wirklich und schon die wenigen Dorffeste, an denen ihre Anwesenheit erwartet wurde und an denen sie auch pflichtgemäß teilnahm, empfand sie als anstrengend. Wer mit wem verwandt oder gestorben ist und wo neulich eine Katze ins Auto gelaufen ist.....das interessierte sie nicht wirklich und sie hörte meistens höflich zu und hoffte, dass sie bald gehen konnte.

Lange Zeit hatte sie die Einsamkeit genossen – das war zu der Zeit, als Max und sie sich noch geliebt hatten und nicht viel mehr als sich selbst und viel Natur um sich herum brauchten. Aber die Liebe zu Max war erloschen. Er zeigte ihr deutlich, dass er sie nicht mehr liebte und so hatte sie sich auch immer weiter von ihm entfernt. Zuerst hatte sie sich in ihre Töpferei zurückgezogen, aber das Kapitel war für sie abgeschlossen. Jetzt verbrachte sie immer mehr Zeit vor dem Computer. Jeden Tag eine Seite einer spanischen, einer englischen und einer französischen Zeitung lesen – das war zumindest ihr Vorsatz, um bei den Sprachen, die ihr Hobby waren und deren Kenntnisse sich im Urlaub als sehr nützlich erwiesen, einigermaßen auf dem Laufenden zu

2

bleiben. Und zwischendrin auch mal ein kleines Spiel, mit Karten oder bunten Kugeln, einfach zum abschalten.

Sie hatte ein Spieleportal gefunden, bei dem man viele unterschiedliche Spiele - Kartenspiele wie Solitär und sogar Skat - aber auch diverse Kugel– und Geschicklichkeitsspiele sowie die klassischen Casino- und Automatenspiele spielen konnte. Es war eine angenehme Ablenkung zwischen den Sprachübungen und mit der Zeit verschob sich der Anteil der Zeit, den sie mit Spielen verbrachte im Bezug auf den Anteil der Zeit, den sie mit Sprachübungen verbrachte, immer weiter in Richtung Spiele. Manchmal ergab sich bei den Spielen auch ein kleines Gespräch – also nicht ein Gespräch im klassischen Sinn, das ja die Sprache als Grundlage hat, sondern eher ein Dialog. Aber sie fand, Dialog hörte sich irgendwie hochtrabend an, das, was hier passierte, war eher ein Gespräch – ein geschriebenes Gespräch halt. Die Bedeutung vieler Worte hat im Netz eh eine Wandlung erfahren. Neulich hatte sie mal bei einem offenen Dialog im Spieleforum etwas mitgelesen. „Sehen wir uns morgen wieder?" „Ja klar, wie immer..." Dabei sehen sie sich doch nicht wirklich, sie sehen ihre geschriebenen Worte.....“Ich drück dich jetzt ganz arg.." Ja, wie soll das gehen? Letzte Woche hatte ein Spieler, mit dem sie schon häufiger gespielt hatte, sie zu einem Kaffee eingeladen – zu einem virtuellen Kaffee. Und obwohl sie es sich nicht eingestehen mochte – sie hatte ein leichtes Kribbeln im Bauch verspürt, beinahe, als wenn ein echter Mann sie eingeladen hätte...Nun ja, es war ja wahrscheinlich auch ein echter Mann – genau weiß man das im Netz zwar nie, es könnte ja auch eine Frau sein - aber wenn sie echt sagte, meinte sie real... Ach was, real war er ja wohl auch.....sie war ganz verwirrt....

2

Er hieß Frank und hatte sie gefragt, ob sie airbrush mag. Es war nicht gerade die Art von Kunst, die ihr besonders lag, aber sie hatte sich diplomatisch ausgedrückt und Interesse gezeigt. Daraufhin hatte er ihr die Adresse seiner Webseite geschrieben, auf der er seine Werke eingestellt hatte. Mit dieser Kunstrichtung – kann man es überhaupt so bezeichnen? - hatte sie sich bisher noch nie beschäftigt, aber jetzt schaute sie sich seine Seite an und überlegte, was sie ihm antworten soll, wenn er danach fragt. Sie würde ihn am Abend sicher wieder sehen – oder besser lesen, aber sie hatte inzwischen das Gefühl, dass das Wort „sehen" hier tatsächlich besser zutrifft. Und inzwischen freute sie sich sogar darauf. Sie wusste bereits, dass er glücklich verheiratet war, zur Zeit arbeitslos und darunter litt, dass seine Frau als Friseurin den größten Teil zum Lebensunterhalt beitragen musste. Da für jedes Spiel bis zu einer halben Stunde Zeit vorgesehen war, eine Runde tatsächlich aber nicht viel länger als 5 Minuten dauerte, blieb nebenbei viel Zeit zum reden. Sie unterhielten sich über persönliche Dinge – allerdings mehr von seiner Seite aus - , über Kunst und Musik und Internetspiele und Spielsucht. Er hatte schon viel Geld verspielt und hatte beschlossen, nicht mehr um Geld zu spielen. Sie hatte gar kein Interesse an einem Spiel um Geld, verbrachte aber inzwischen oftmals mehrere Stunden mit Spielen – war das auch schon Sucht? Vielleicht sollte sie doch versuchen, das Spielen zu reduzieren und sich wieder mehr ihren Sprachübungen zuwenden, die sie in letzter Zeit ziemlich vernachlässigt hatte? Oder war es womöglich gar nicht allein das Spielen, das sie jeden Abend in dieses Forum gehen ließ? Der Kontakt zu Frank war eine nette Abwechslung in ihrem Alltag und es tat gut, hin und wieder mal ein kleines Kompliment zu hören. Sie beschloss, das Thema zu verschieben.

3

Es war ein heißer Augusttag und die Stauden im Garten ließen die Köpfe hängen. Auch die Blüten der Rosen hatten vertrocknete Ränder und sie rollte den Wasserschlauch vom Wagen ab, um zu retten, was noch zu retten war. Ihr Blick schweifte über den inzwischen ziemlich verwilderten Garten – bestimmt lästerten die Nachbarn darüber, aber ihr gefiel er so. Sie hatten ein Haus, wie sie es sich immer gewünscht hatten und einen Garten, wie sie ihn sich gewünscht hatten – aber ihre Liebe hatten sie nicht mehr. Nicht, dass man es nicht aushalten könnte so, sie hatten sich ohne darüber zu reden arrangiert. Aber trotzdem fehlte etwas....

Max rief aus der Küche, dass es in einer halben Stunde Essen gibt – er war derjenige, der sich für das Essen zuständig fühlte und sie ließ ihn. Wenn sie einmal etwas kochte, probierte er es meist noch nicht einmal. Sie rollte den Schlauch wieder auf den Wagen und wusch sich die Hände, bevor sie ins Haus ging und ihre Gartenkleidung auszog. Noch ein kurzer Blick ins Mail-Postfach – wieder nur Spam...Seitdem sie in dem Spieleforum unterwegs war, bekam sie häufiger Mails von Partnervermittlungen und jetzt noch eine Chat – Werbung. „...Chat ohne Anmeldung...." las sie und zögerte plötzlich, auf die Löschtaste zu drücken. Konnte sie ja nach dem Abendessen immer noch....

Heute lief ein Fußballspiel im Fernseher und sie zog sich - wie inzwischen meistens - nach der Tagesschau in ihr Zimmer zurück. Es waren noch ein paar weitere Spam - mails dazu gekommen, die sie sofort löschte, aber die Chat – Werbung las sie jetzt doch genauer durch. Ein Chat ohne Spiele – so hätte sie etwas Unterhaltung und käme von der

Spielsucht los...und das ganze war ohne Anmeldung, also total unverbindlich....Sie zögerte ein wenig, aber dann wollte sie es wissen.

...Klick....Ein Fenster öffnete sich und sie sollte sich einen Namen ausdenken. „Rosenkönigin" gab sie ein, den Namen, den sie auch für das Spieleportal verwendete, klickte an, dass sie weiblich ist und schon war sie drin. An der linken Seite des Bildschirms erschien ein großes Fenster mit vielen Namen und zusätzlich sprang ein kleines Pop-up Fenster auf: „Wie alt bist du?", dann ein zweites: „Bist du rasiert?" und sie konnte gar nicht so schnell schauen, wie ein weiteres Fenster nach dem anderen aufging, mit mehr oder weniger eindeutigen Fragen. Das hatte sie so nicht erwartet und erschrocken klickte sie auf „Chat verlassen".

Auf den Schock musste sie nun erst mal eine Runde spielen und hoffte, Frank zu treffen. Ob er solche Chats auch schon ausprobiert hatte? Zu ihrem Bedauern waren jedoch im Moment nur einige Spieler online, mit denen sie zwar auch hin und wieder schon einige Worte gewechselt hatte, aber über dieses Erlebnis mochte sie doch nicht mit nahezu Unbekannten reden.

4

Das Erlebnis mit dem Chat – für sie neu und ungewohnt – ließ sie nicht los. Also ins Google-Suchfeld „Chat ohne Anmeldung" eingegeben – klick – und sie konnte es kaum glauben: Google meldete ca. 742 000 Ergebnisse. Sie schaute sich ein paar Seiten an und entschied sich dann, sich in einem Chat umzuschauen, der getrennte Räume anbot für Chatter, die auf der Suche nach erotischen Erlebnissen waren und für solche, die sich in einem Café über alles mögliche unterhalten wollten.

Auch hier hätte sie sich einen Namen ausdenken können, aber Sie verzichtete darauf und bekam deshalb vom Chat eine Nummer zugewiesen – als Touristin 7340 trat sie dort ins Café ein. Außer ihr waren noch 8 weitere Chatter anwesend und niemand kümmerte sich um sie, was ihr sehr recht war. So konnte sie in Ruhe zuerst einmal etwas mitlesen und sich mit den verschiedenen Funktionen vertraut machen. Es war eine völlig neue Welt für sie – irgendwie exotisch und interessant. Sie kam sich fast ein wenig frivol vor – was würden die Bewohner aus ihrem kleinen Weiler wohl von ihr denken, wenn sie davon wüssten? Bei dem Gedanken musste sie lachen und dachte: wenn schon, denn schon und – klick – *„du hast die Erotic Lounge betreten".* Hier war die Liste der Anwesenden wesentlich länger und es dauerte auch nicht lange, bis sie jemand anflüsterte: *„Hallo, findest du es hier auch langweilig?"*

Sie wusste nicht recht, was sie darauf antworten sollte und zog es vor, wieder ins Café zu wechseln.

Hier unterhielten sich Ratte40 und Honigkuchen gerade über Fahrradreparaturen und sie las eine Weile mit, bis ihr laute Klopfgeräusche gegen den Kaminofen aus dem unter ihrem Zimmer liegenden Wohnzimmer signalisierten, dass jetzt im Fernseher eine Sendung lief, von der Max dachte, dass sie sie interessieren würde. Auch wenn sie sich weitestgehend auseinandergelebt hatten, wollte sie doch nicht alle Gemeinsamkeiten über Bord schmeißen und ging hinunter, um sich eine Reportage über Andalusien anzusehen, ihrem nächsten Urlaubsziel.

Es waren noch 4 Wochen bis zu ihrem Start in den Urlaub und neben der Arbeit in Haus und Garten musste so langsam auch das Wohnmobil gepackt und vorbereitet werden. Bei ihren früheren Reisen war ihr ein

Internetzugang zwar angenehm, aber nicht extrem wichtig gewesen und sie hatte sich nicht weiter darum gekümmert. Gab es einen Zugang auf dem Campingplatz, war es ok, wenn nicht, konnte sie auch mal ein paar Tage ohne auskommen. Jetzt wollte sie auf keinen Fall darauf verzichten und informierte sich umfasend über die Möglichkeiten und die Anbieter, entschied sich für 2 verschiedene Anbieter und orderte in einem Versteigerungsportal einen Stick und die entsprechenden Simkarten. Ende Oktober ging es dann los und selbst unterwegs im Wohnmobil waren ihre Abende jetzt dreigeteilt: ein Teil – der immer kürzer wurde – Sprachübungen, ein Teil Spiele und ein Teil Chat.

Sie bewegte sich jetzt immer sicherer dort und besonders die Beiträge von Ratte40 und cristal gefielen ihr. Sie hatte sich auch schon an Gesprächen beteiligt, aber als Touristin mit einer sich täglich ändernden Nummer wurde sie von ihnen nicht wieder erkannt. War es ihr wichtig, als Person gesehen und erkannt zu werden? Sie wollte doch anonym bleiben... aber so, wie sie die Ansichten von Ratte40 und cristal und damit die beiden auch irgendwie als Person schätzte, ohne sie näher zu kennen - würde sie vielleicht auch jemand schätzen, wenn er/sie sie besser kennen würde? Es würde ihr gut tun, gestand sie sich ein, und beschloss, sich in Zukunft keine Nummer mehr zuweisen zu lassen, sondern mit einem eigenen Namen in den Chat zu gehen – es war ja genauso unverbindlich. Nur die „Rosenkönigin" gefiel ihr nicht mehr..etwas frischeres sollte es sein, passend zu ihrem neuen Aufbruch......

Ihr heutiges Etappenziel war ein kleiner Ort in Nordspanien. Sie hatten Barcelona und Valencia großräumig umfahren und waren nur eine kurze Strecke gefahren. Der

Campingplatz, auf dem sie jetzt übernachten wollten, war groß und fast wie ein Blumengarten angelegt und als sie 2 Schmetterlinge beobachtete, wie sie in der Sonne tanzten und spielerisch von einer Blüte zur anderen flogen, war die Entscheidung gefallen: Sie würde als butterfly im Chat auftreten. Das war zwar vielleicht etwas gewagt, da sie mit ihren mittlerweile über 70 Kilo weit entfernt war von der Leichtigkeit und der Grazie eines Schmetterlings, aber das Spielerische und das Flattern von einer Blüte zur anderen, die Suche nach Neuem, das passte.....

5

Ihr Auftritt als butterfly war ein voller Erfolg. Ein Chatter, den sie bisher gar nicht so beachtet hatte, begrüßte sie jeden Tag mit einem anderen lateinischen Schmetterlingsnamen.

butterfly betritt den Chat

[coolman]: Hi Zygaena viciae

[butterfly]: Hi ...moment, muss googeln....

Sie fühlte sich plötzlich wahrgenommen, jemand machte sich die Mühe, sie mit einem besonderen Gruß zu empfangen.....es tat gut....

Ungeduldig wartete sie jetzt jeden Tag auf den Abend – hier wurde sie wertgeschätzt, hier freute man sich, wenn sie den Raum betrat...das hatte sie schon lange nicht mehr erlebt.

Stuff betritt den Chat

[Stuff]: Hi

[coolman]: Hi Stuff

[cristal]: Hi Stuff

[butterfly]: Hi Stuff

[Stuff]: Hi cool, hi cristal und hi butterfly – bist du neu hier, fly?

[butterfly]: ja, schau mich gerade ein wenig um

cristal verläßt den Chat

coolman geht in den Raum Blind date

[butterfly]: Wie lange bist du schon hier?

[Stuff]: seit etwa zwei Monaten

[butterfly]: und was machst du, wenn du nicht hier bist? - entschuldige, oder ist das schon zu indiskret? Kenn mich hier noch nicht so aus....

[Stuff]: lach...nein, ist schon o.k. Zur Zeit habe ich Urlaub und genieße es, einfach so in den Tag hineinzuleben

[Stuff]: ansonsten arbeite ich in einem großen Chemiebetrieb – und du?

[butterfly]: habe mir eine Auszeit von meinem Job genommen, ein sogenanntes „sabbatical"

[butterfly]: Das heißt, ich habe die letzten 4 Jahre zu 100 % gearbeitet, aber nur 80% von meinem Gehalt bekommen und jetzt habe ich ein Jahr frei und bekomme weiterhin 80%

[Stuff]: das hört sich gut an

[butterfly]: Ja, und deshalb kann ich diesen Winter hier in Spanien verbringen und mir in aller Ruhe überlegen, wie es danach weitergehen soll. Ich will auch jetzt gleich noch eine Runde am Strand entlang laufen.

[Stuff]: Lach...nimmst du mich mit?

[butterfly]: gerne doch :)

Die Vorstellung, nicht alleine am Strand entlang zu laufen, gefiel ihr.

6

Der nächste Tag war ein Donnerstag und schon weitestgehend verplant. Vormittags nahm sie am Spanisch – Kurs, den der Campingplatz anbot, teil, danach wollten sie einkaufen fahren und um 14:30 Uhr wollten sie sich mit 2 Holländern, 2 Belgiern und einem österreichischen Paar zum Boule treffen. Sie war froh darüber, denn ihre Gedanken waren schon beim Abend und sie musste sich nahezu zwingen, sich auf den Tag zu konzentrieren. Nachdem Max dann nach der Tagesschau endlich den Kopfhörer aufsetzte, um einen Actionfilm im Fernseher anzuschauen, loggte sie sich erwartungsvoll ein.

butterfly betritt den Chat

[butterfly]: Hallo zusammen

[coolman]: Hallo Gonepteryx rhamni

[butterfly]: Moment....ah, wie schön...danke:)

[Trinity]: Hi fly

[Aureus]: Hallo Butterfliege

Das aktuelle Gesprächsthema in der Runde waren Katzen und ihre Angewohnheiten und da sie hier nicht mitreden konnte, las sie einfach nur eine Weile mit. Sie fand die Unterhaltung nett und unverbindlich und dachte, dass dies genau die Art von Kontakt war, die sie gesucht hatte.

Stuff betritt den Chat

coolman geht in den Raum Blind date

[Stuff]:Hallo

[Trinity]: Hallo Stuff

[Aureus]:Hallo Stuff

[butterfly]:Hallo Stuff

[Stuff]: Hallo Trini, hallo Aureus

[Stuff]: Hallo butterfly :)

[Stuff]: Warst du wieder am Strand?

[butterfly]: ja, war wieder heiß heute....

[Stuff]: wäre gerne dabei gewesen :)

Trinity geht in den Raum wir_zwei

Aureus geht in den raum wir_zwei

[butterfly]: können ja noch eine Runde laufen

[Stuff]: du musst mich aber an der Hand nehmen, damit ich mich nicht verlaufe :)

Stuff hatte in seinem Profil sein Alter mit 55 angegeben. Es mochte stimmen oder nicht – es war ihr nicht wichtig. Sie sah das Ganze als Spiel, aus dem man jederzeit wieder aussteigen kann. Und es begann, ihr Spaß zu machen.

[butterfly]: dann komm, ich steh unter der großen Palme und warte schon

[Stuff]: bin schon da.....danke, dass du mich mitnimmst #bussi

Die Verwendung der Smileys, die hier im Chat recht großzügig eingesetzt wurden, hatte sie schnell übernommen. #cafe stellte einen kaffeetrinkenden Smiley dar, #wein einen weintrinkenden, #biba hieß „bis bald"und stellte einen winkenden Smiley dar und #bussi zwei sich küssende Köpfe. Es gab noch einige mehr, aber das waren die, die sie sich schon eingeprägt hatte. Und wenn etwas kursiv gedruckt war, dann war es eine Systemnachricht, zum Beispiel, dass jemand geht oder kommt oder flüstert.

Sie liefen gemeinsam und schauten ins Wasser und nach Steinen und Muscheln und sie spürte den Sand unter ihren Füßen. Sie war in einer anderen Welt – aber alles in dieser Welt erlebte sie intensiv. Und als ein kühler Wind aufkam und er den Arm um sie legte, um sie zu wärmen, schlug ihr Herz schneller. Sie war verwirrt....

[butterfly]: muss raus, bekomme Besuch #biba

7

Die Zeitangabe auf seinem Ipad zeigte inzwischen 22 Uhr an und Stuff war ein wenig enttäuscht. Er hatte zwar nichts Besonderes erwartet, aber der Spaziergang mit butterfly am Abend vorher hatte ihm gefallen und er hatte gehofft, sie wieder zu treffen. Er war schon länger im Chat unterwegs, hatte auch schon einige nette andere Chatter und Chatterinnen kennengelernt und war einem gelegentlichen kleinen Flirt gegenüber nicht abgeneigt. Er suchte nichts Bestimmtes, keine feste Beziehung, wie manche hier, sondern einfach ein wenig Zerstreuung vor oder nach seiner Schicht. Seit dem Ende seiner letzten festen Beziehung wusste er das Alleinsein zu schätzen und sah keinen Grund, das zu ändern. Ein nettes, unverbindliches Gespräch im Chat, ab und zu ein kleiner Flirt – das tat gut und reichte ihm. Nun gut, dann würde er erst einmal eine Runde mit Loki laufen. Loki war eine Mischung aus Husky und Collie und er liebte die ausgedehnten Runden in den Wald mit ihr, wollte die letzten Urlaubstage noch ausgiebig mit ihr nutzen. Während seiner Schichten brachte er sie meist zu seinem Sohn, der nicht weit entfernt wohnte.

[*23Uhr*] *butterfly betritt den Chat*

[butterfly]: Hi

[Sixtus]: Hi butterfly

[Tommy29]: Hi fly

[Trinity]: nabend butterfly

[Stuff]: Hallo butterfly

[butterfly]: Hallo Sixtus,Tommy, Trini, Stuff

[Stuff]: je später der Abend....:)

[butterfly]: :)

Stuff flüstert: Hab den Strandspaziergang mit dir vermisst

Mit der Flüsterfunktion hatte sie sich bisher noch nicht beschäftigt und musste erst einmal nachschauen, wie sie funktionierte. Flüstern bedeutete, dass die übrigen Chatter den Text nicht lesen konnten, sondern nur der, der angeflüstert wurde.

butterfly flüstert: konnte heute nicht früher kommen

butterfly flüstert: bin auch müde, wollte nur kurz reinschauen und Hallo sagen

Stuff flüstert: kommst morgen wieder?

butterfly flüstert: denke schon......

Stuff flüstert: dann gute Nacht , schlaf gut und träum was Schönes....#bussi

butterfly flüstert: du auch....#bussi

[butterfly]: #biba

[Stuff]: #biba

butterfly verlässt den Chat

Stuff verläßt den Chat

8

butterfly betritt den Chat

[butterfly]: Hi

[unlimited]: nabend

[goliath]: Hallo butter

cristal betritt den Chat

[unlimited]: wb cristal

wb stand für „welcome back" und so wurde jemand begrüßt, der schon einmal hier war und den Chat kurz verlassen hatte.

Stuff betritt den Chat

[Stuff]: Solli

[unlimited]: Hallo Stuff

[cristal]: Huhu Stuff

[goliath]: nabend Stuff

[butterfly]: Hi Stuff

[Stuff]: Hast einen schönen Nachmittag gehabt, Fly?

[butterfly]: ja, und was hast du so gemacht?

[Stuff]: war ein wenig mit dem Hund spazieren

[unlimited]: meiner kratzt auch schon eine Weile an der Tür, muss wohl dann auch mal los...#biba

unlimited verläßt den Chat

[goliath]: schließe mich an, muss morgen früh raus #biba

[cristal]: dito, bis demnächst #biba

goliath verläßt den Chat

cristal verläßt den Chat

[Stuff]: jetzt hat man uns taktvoll alleine gelassen.....schmunzel...

[butterfly]: lach...ja, sind sehr rücksichtsvoll die Leute hier....

[butterfly]: Kann aber auch nicht lange bleiben – vor einer Stunde sind Bekannte eingetroffen und wir treffen uns in einer halben Stunde in der Kneipe vorne

[Stuff]: dann wünsch ich dir noch einen schönen Abend #bussi [butterfly]: #bussi

Ihre Nacht war unruhig verlaufen - lag es am Vollmond oder gab es einen anderen Grund?

„Was ist mit mir los?" staunte sie über sich selbst. „Es ist doch nur ein Spiel...ich kenne ihn doch gar nicht....wahrscheinlich ist er alt und häßlich....ich bin doch ein realistischer Mensch...lasse mich normalerweise von fiktiven Dingen wie Filmen oder Büchern nicht zu Gefühlsausbrüchen bringen....was ist hier anders.....?" Sie war verwirrt. Aber es war schön.

Sie war neugierig gewesen und hatte etwas Neues ausprobiert und eines Tages würde sie einfach nicht mehr auftauchen. War der Zeitpunkt zum Aussteigen schon gekommen? Sie hatte nicht eingeplant, dass sich Gefühle einstellen könnten und fühlte sich verunsichert. Ob er heute Abend wieder im Chat sein würde? Vielleicht hatte er ihre Begegnung auch schon wieder vergessen und wiederholte das ganze Spiel mit der nächsten Chatterin, die er ansprach und die sich darauf einließ? Das Ganze war ein Spiel, waren Worte auf einem Bildschirm! Sie schalt sich innerlich – wie konnte sie das vergessen! Und dachte darüber nach, was Worte auf einem Bildschirm bewirken können. Natürlich lebte ein großer Teil der Werbebranche von diesen Erkenntnissen, aber sie hatte sich bisher für unempfänglich für solche Einflüsse gehalten. Und nun schafften es diese Worte auf dem Bildschirm, bei ihr Gefühle auszulösen.....

Als Achtzehnjährige, nach ihrem ersten großen Liebeskummer, hatte sie sich geschworen, nie wieder Gefühle zuzulassen. Sie lächelte innerlich bei dem Gedanken, wie oft sie diesen Schwur dann doch gebrochen hatte, aber jetzt...in ihrem Alter und ihrer Situation? Auf

Grund von ein paar Worten auf einem Bildschirm? Sie kam sich vor, als ob sie etwas Verwerfliches tun wollte - Sind Gefühle für einen anderen Menschen als den offiziellen Partner schon etwas Verwerfliches? Oder erst Handlungen, die sich vielleicht daraus ergeben? Und wenn diese Handlungen gar keine echten Handlungen sind, sondern nur Worte auf einem Bildschirm?

Sie lachte leise – das einzig sichere Gefühl, dass sie im Moment hatte, war das Gefühl, nicht mehr klar denken zu können. Sie klickte das Spieleportal an und spielte eine Runde Solitär gegen Pegasus, den sie hier auch noch nie gesehen hatte.

9

In den folgenden Tagen gingen sie regelmäßig am Strand spazieren, machten sich gegenseitig auf Pflanzen und Tiere aufmerksam und zum Ende des Spaziergangs, wenn es kühl wurde, legte Stuff den Arm um sie, um sie zu wärmen und verabschiedete sich mit einem #bussi. Sie genoss diese Spaziergänge und gestand sich ein, dass sie auch seine Umarmungen genoss und als er sie fragte, ob er seine Hände auch unter ihr T-shirt schieben dürfe, spürte sie, wie sie zitterte.

Er war so behutsam und rücksichtsvoll, so zärtlich und vorsichtig und sie verspürte eine Erregung, wie sie sie schon lange nicht mehr kannte. Sie liebten sich - am Strand und im Wasser, unter der Dusche und im Bett und die Schmetterlinge in ihrem Bauch führten wilde Tänze auf. Wenn sie sich jetzt morgens in den Chat einloggte – und das war eine ihrer ersten Handlungen nach dem Frühstück - kam regelmäßig die Meldung: *Du hast eine neue Nachricht in deinem Postfach.* „ Die Nacht mit dir war wunderschön" las sie „ich streichle dich zärtlich, geb dir einen lieben Kuss und zieh mich leise an. Werd ein paar Besorgungen machen und freu mich schon wieder auf heute abend" # bussi

Manchmal waren es auch Nachrichten, in denen er schrieb, wie er nachts aufwachte und ein Verlangen nach ihr hatte, wie er sie an sich zog und sie liebte. Sie las die Nachrichten immer wieder und fühlte sich so glücklich wie schon lange nicht mehr.

Das Verhalten von Max berührte sie inzwischen nicht mehr – es prallte einfach an ihr ab. Sie ignorierte es zunehmend und lebte den Tag immer mehr mit Stuff. Manchmal versuchte sie, die neue Situation aufzudröseln und führte einen fiktiven Dialog mit ihrer Freundin:

„Kann es sein, dass ein virtuelles Erleben ein reales Leben ersetzt?"

„Wieso ersetzt – es ist ein eigenes Leben, eine andere Welt."

„Aber das ist doch schizophren, in zwei Welten zu leben - es entfernt dich vom wirklichen Leben."

„Von welchem wirklichen Leben?"

„Du sitzt vor einem Kasten und bildest dir alles bloß ein."

„Bildest du dir bei einem realen Gegenüber nicht auch vieles ein?"

„Du verbringst Stunden vor einem Kasten anstatt die Zeit mit echten Freunden zu verbringen."

„Die meisten Menschen verbringen Stunden vor einem Kasten – dem Fernseher – aber das ist „normal" und gesellschaftlich akzeptiert. Es ist außerdem jemand Reales auf der anderen Seite – und ob es ein echter Freund ist, stellt sich sehr häufig erst in besonderen Situationen heraus. Und ist ein Freund weniger wert, den ich über einen Computerbildschirm wahrnehme, als einer, der mir gegenübersteht? Was ist dann mit den Freunden, mit denen ich auf Grund der Entfernung nur noch telefoniere?"

„Wenn es mal einen Stromausfall gibt, hast du plötzlich keine Freunde mehr."

„Wenn es ein Unwetter gibt, kannst du deine auch nicht besuchen."

„Du weißt überhaupt nicht, wer tatsächlich am anderen Rechner sitzt."

„Von einer Person, die dir gegenübersteht, weißt du auch vieles nicht. Und für eine Kommunikation mit physisch anwesenden Personen musst du mit denen vorlieb nehmen, die gerade anwesend sind und da ist oft die Auswahl nicht sehr groß, im Netz kannst du auch mit jemandem aus Berlin oder Hamburg kommunizieren."

„Du entfernst dich immer mehr aus deiner realen Welt."

„Sind die Personen, die am anderen Rechner sitzen, nicht real? Sind deine Gefühle ihnen gegenüber nicht real? Empfindest du ein Lob oder ein Kompliment, eine Beleidigung oder eine traurige Nachricht auf dem Bildschirm nicht genauso, als wenn sie dir jemand persönlich überbringt?"

„Du lebst in einer Traumwelt."

„Ist das schlecht? Sämtliche Weltreligionen basieren auf einer Traumwelt, einer Welt, die noch niemand gesehen hat, es gibt Menschen – z.B. Mönche und Nonnen – die sich ausschließlich dieser Welt widmen. Aber das hat gesellschaflichen Nutzen und ist allgemein akzeptiert. Und auch beim Lesen eines Buches begibst du dich in eine Traumwelt."

„Ich möchte mein Gegenüber sehen, riechen und fühlen können."

„Ich meist lieber nicht."

Bei diesem Argument musste sie selber lachen.

10

Der Sonntag war sein letzter Urlaubstag und seine Frühschicht am Montag begann um 5:30 Uhr. Sie verabschiedete sich um 0:30 Uhr von ihm und realisierte erst später, dass er ja keine 4 Stunden Schlaf mehr haben würde, bevor er sich für die Schicht richten musste. Am nächsten Abend schalt sie zärtlich mit ihm, aber er lachte nur und meinte, die Zeit mit ihr bringe ihm mehr Energie als der Schlaf. Trotzdem achtete sie jetzt darauf, sich vor der Frühschicht spätestens um 23 Uhr zu verabschieden und an den Tagen, an denen er Nachtschicht hatte, sahen sie sich nur kurz nach der Tagesschau für ein paar Minuten. An diesen Tagen schrieben sie sich meist ausführliche Nachrichten, für die es ein eigenes Postfach im Chatportal gab. Seinen Schichtplan kannte sie bald auswendig und als er eines Tages nicht wie gewohnt nach der Schicht in den Chat kam und sie auch keine Nachricht von ihm vorfand, wunderte sie sich sehr. Lustlos las sie bei einigen Dialogen mit, wechselte immer wieder die Räume – vom Café ins Casino oder Theater und zurück und loggte sich schließlich bei dem Spieleportal ein. Hier verlor sie 2 Runden Solitär und gewann 2 Runden Zuminga, aber eigentlich langweilte es sie. Unruhig schaute sie immer wieder in ihr Postfach und endlich kam die erlösende Meldung:

„Du hast eine Nachricht in deinem Postfach!"

„Liebste, ich hatte einen kleinen Arbeitsunfall – nichts Schlimmes, aber ich musste zur ambulanten Behandlung ins Krankenhaus und es hat dort eine Weile gedauert. Bin auch noch etwas groggy und leg mich gleich wieder hin. Bin krankgeschrieben – vielleicht können wir uns ja morgen um die Mittagszeit herum kurz sehen #bussi"

Erleichtert und besorgt zugleich las sie die Nachricht immer wieder und überlegte: Eine kurze SMS wäre hier nicht schlecht gewesen – sollte sie einen kleinen Teil ihrer Anonymität aufgeben und ihm – ausdrücklich nur für Notfälle – ihre Handynummer geben?

Am nächsten Tag hatte sie eine neue Nachricht in ihrem Postfach:

„Liebste, was hältst du davon, wenn wir – nur für Notfall-SMS – unsere Handynummern austauschen? Du weißt, ich bin oft mit dem Motorrad unterwegs und hab mir schon manchmal Gedanken gemacht, wie ich dich erreichen kann, wenn unterwegs mal etwas Unvorhergesehenes passiert. Aber wenn du Bedenken hast, ist es für mich auch o.k." #bussi

Sie musste innerlich lachen – war es ein gutes Zeichen, dass sie schon fast zur gleichen Zeit das Gleiche dachten? Sie tippte:

„Liebster, die gleichen Überlegungen hab ich mir auch gemacht: Meine Nummer: 0152/33......

Schick mir eine kurze Test-SMS, dann hab ich deine Nummer auch." #bussi

Eine halbe Stunde signalisierte der Klingelton ihres Handys eine eingehende Nachricht.

„#bussi" las sie.

„#bussi" schrieb sie zurück und speicherte die Nummer.

11

Nach diesem ersten Schritt fiel es beiden nicht mehr schwer, nach und nach ein wenig mehr von sich preiszugeben. Er machte ein Spiel daraus, ihren Wohnort zu erraten und sie spielte es mit. Sie hatten vereinbart, dass sie sich nicht – auch nicht heimlich – besuchen würden, aber als sie im Mai für eine Woche ihre Tochter besuchte und er zufällig in der Nähe ihres Wohnortes war, konnte er es sich nicht verkneifen, ein paar Flaschen Wolfenweiler Wein, den Wein, den er im Clubhaus manchmal auf sie trank, bei ihren Nachbarn für sie abzugeben. Zum Glück hatte er es ihr geschrieben – so konnte sie sich noch eine unverfängliche Erklärung für Max und die Nachbarn ausdenken.

Ihr Haus sah genauso aus wie auf dem Foto, das sie für ihn in ihre Galerie eingestellt hatte uns sein Bild von ihr vervollständigte sich um ein weiteres Puzzleteil.

Durch beharrliches Fragen hatte auch sie bereits herausbekommen, in welcher Stadt er wohnte und seinen vollständigen Namen mit seiner Adresse lieferte er eher unfreiwillig, als er ein Schreiben seiner Geschäftsführung an ihn kopiert und in seine Fotogalerie eingestellt hatte. Es ging um die Schließung eines Teil des Betriebes und ihn interessierte ihre Meinung dazu. Die Daten waren ihr jedoch nicht wirklich wichtig und sie lachten beide über die unfreiwillige Enthüllung.

12

Sie trafen sich jetzt mindestens einmal täglich, wenn möglich auch häufiger und einige Stammchatter hatten ihre Beziehung bereits registriert. Fly – so nannte er sie jetzt meistens - war es egal, sie kehrte es nicht hervor, aber sie verheimlichte es auch nicht und wenn er sie mit #bussi begrüßte, tippte sie auch ein #bussi ein. Robot1 hatte es noch nicht mitbekommen und nachdem sie einen Annäherungsversuch abgeblockt hatte, indem sie ihm schrieb, dass sie davon ausging, dass er von ihrer Beziehung zu Stuff wüßte, verfiel er in eine seltsame Trotzreaktion: Sobald Stuff und sie sich allein in einem Raum aufhielten, betrat auch er den Raum, blieb aber stumm. Natürlich hätten Stuff und sie jederzeit in ein Separée gehen können – einen Raum, den man abschließen kann, und zu dem dann kein anderer mehr Zutritt hat - aber das taten sie selten. Da Robot1 in der Regel stumm blieb, vermutete Stuff, dass er und butterfly dann flüsterten.

An einem nasskalten Abend hatte er sich im dichtesten Regen aus dem Clubhaus der „Born to be wild", wo er Mittwochs und Freitags – soweit es sein Schichtplan erlaubte – manchmal ein Bier trank, verabschiedet und war total durchnässt zu Hause angekommen. Normalerweise hätte er noch etwas gewartet, aber er wollte Fly auf jeden Fall noch sehen und war bereit, dafür einiges in Kauf zu nehmen. Er freute sich auf das Treffen mit ihr und kaum hatten sie sich begrüßt, war auch Robot1 wieder im Café, grüßte nicht und blieb stumm. Auch fand er, dass die Antworten von Fly länger brauchten als normal und er wurde wütend.

„Was mache ich hier eigentlich? „ kamen ihm Zweifel. „ Ich kurve im Regen mit überhöhter Gewschindigkeit durch die Gegend, um dann den beiden beim Flüstern zuzuschauen...ich alter Idiot...“ Ihm wurde übel und er verabschiedete sich unter dem Vorwand, er sei müde heute.

Die nächsten 2 Tage hatte er schichtfrei und er nutzte sie zu ausgedehnten Spaziergängen mit Loki. Er musste wieder einen klaren Kopf bekommen und zwang sich, sich abends nicht in den Chat einzuloggen.

Du hast eine neue Nachricht in deinem Postfach!

„Muss über einiges nachdenken, brauche eine kleine Pause“ las sie in ihren Nachrichten und war beunruhigt, wollte aber nicht nachbohren.

„Ok“ schrieb sie deshalb zurück.

Nach dem 2. Tag beschloss er, sich nicht einfach so unterkriegen zu lassen und gegen 22 Uhr loggte er sich ein.

Fly war nicht im Chat, aber Robot1 war in der Erotic Lounge.

Stuff betritt die Erotic Lounge

13

Du hast eine neue Nachricht in deinem Postfach!

„Hallo Fly,“ las sie am nächsten Morgen „ich muss dir etwas beichten. Bevor es andere dir berichten, sollst du es von mir selbst erfahren. Gestern habe ich Robot1 in der Ero massiv beleidigt und bloßgestellt. Ich will nicht wiederholen, was ich gesagt habe, aber ich werde mich, wenn ich ihn das nächste Mal sehe, bei ihm entschuldigen. Ich war wütend auf ihn, weil er ständig mit dir flüstert und ich hoffe, du verzeihst mir – es musste einfach raus!"

Du hast eine neue Nachricht in deinem Postfach!

„Lieber Stuff, ich weiß nicht, was passiert ist und will ihn auch nicht verteidigen – aber in einer Beziehung tust du ihm – und vor allem mir – Unrecht: Wir haben zu keiner Zeit miteinander geflüstert! Ich finde sein Verhalten auch seltsam und denke, wir sollten es einfach ignorieren. Und wenn uns seine Anwesenheit massiv stört, gehen wir eben in ein Sep. Sehen wir uns heute abend? Ich werde gegen 22 Uhr mal reinschauen #bussi"

Stuff war erleichtert und die Entschuldigung bei Robot1 fiel ihm jetzt leichter. Robot, der sich inzwischen auch mit der Situation abgefunden hatte, akzeptierte die Entschuldigung und mit der Zeit sollte sich die Kommunikation zwischen den beiden auch wieder normalisieren.

14

In einer klassischen Ehe hätte man die Zeit, die jetzt folgte, als Honeymoon bezeichnet. Sie wurden nicht müde, sich gegenseitig ihre Liebe zu zeigen.

Träumen

Wenn ich allein träume,
ist es nur ein Traum.
Wenn wir gemeinsam träumen,
ist es ein Anfang der Wirklichkeit...

(Dom Hélder Câmara)

heftete sie an seine Pinnwand.

„Vergangenheit ist Geschichte..
Zukunft ist Geheimnis..
- aber jeder Augenblick ist ein Geschenk "

schrieb er an ihre.

Sehnsucht

Samtdunkel war der Nachthimmel, die Luft weich wie Seide,
der Mond hing silbrig schimmernd gleich einer Laterne am
Himmelszelt, traumschwer und voller Sehnsüchte dehnte
sich diese Nacht und ich stand voller Verlangen nach einem
vertrauten Menschen da und sah zum Sternenhimmel
empor.
Ich fühlte seine Nähe - und doch war er so weit entfernt.
Würde er wie ich voller Sehnsucht stehen und sich fragen,
wann wir zusammen sein werden?
Mein Blick schweift träumend in die Ferne und er sucht dich,
dich, der du wie ich träumend von mir
sehnsuchtsvoll den Blick in die Ferne des Nachthimmels
richtest, dem Raunen des Windes lauschend, der von Liebe
und Leidenschaft singt und wir sind uns so nah als stündest
du neben mir.
Du bist so fern und doch so nah und unsere Seelen sind
eins,
eins unterm nachtdunklen Sternenhimmel
in dieser schimmernden Vollmondnacht."

„Über diesen Text einer deutschen Lyrikerin bin ich heute
gestolpert und konnte ihn so gut nachvollziehen....." heftete
sie an seine Pinnwand

„Es gibt Tage,....da ist man einfach nur glücklich...." postete er im Forum.

Manchmal stellte sie sich vor, wie es wohl wäre, ihn real zu treffen, obwohl sie sich vorgenommen hatte, dass das niemals passieren sollte. Sie würde es zu verhindern wissen, denn eins stand für sie fest: Nach einem realen Treffen würde es bestimmt vorbei sein und er würde sich enttäuscht von ihr abwenden. Ihre Haare glichen momentan mehr einem Wischmopp als einer Frisur, sie hatte mindestens 15 Kilo Übergewicht und ihr Alter würde sie dann auch nicht länger verbergen können. Sie war sicher eine der älteren in diesem Chat und hatte ihr wahres Alter nie verraten, da sie fand, es sei für eine normale Kommunikation nicht wichtig. Allerdings wollte sie auch die eindeutig Sexualpartnerinnen suchenden jüngeren Männer abblocken und ließ deshalb immer wieder einmal durchblicken, dass sie über 40 war. Er hatte einmal ein Foto von sich eingestellt und sie hatte es sich kopiert und sah es immer wieder an. Irgendwann hatte sie sich dann auch getraut, ein nach ihrer Meinung vorteilhaftes Foto von sich einzustellen, hatte es aber, nachdem er es gesehen hatte, gleich wieder gelöscht. Sie war sich relativ sicher, dass er es nicht kopiert hatte, aber wenigstens eine ungefähre Vorstellung hatte er jetzt. Trotzdem war sie fest entschlossen, es – zumindest in naher Zukunft - nicht zu einem realen Treffen kommen zu lassen.

Auch Stuff stellte sich vor, wie es wäre, sie real zu treffen. Er schrieb ihr, dass seine Sehnsucht so groß sei, dass er manchmal einen heftigen Schmerz im Herzen verspüre bei dem Wunsch, ihren Körper auch real zu ertasten. Das betrübte sie sehr und sie schrieb zurück, dass sie ihm auf keinen Fall Schmerzen bereiten wollte und dass es, auch wenn es beiden schwerfällt, in diesem Fall vielleicht doch besser wäre, ihre Beziehung zu beenden. Das wollte er jedoch auf keinen Fall – schließlich überwogen die Zeiten der süßen Gedanken die der schmerzhaften bei Weitem.

15

Etwa gleichzeitig mit ihnen hatten sich Cabrita und Madman kennen gelernt. Sie trafen sich zufällig immer im gleichen Raum und Cabrita wurde bald die Vertraute von Stuff. Sie fuhr auch eine Harley und Madman gefiel die Art, wie Stuff und butterfly miteinander kommunizierten.

„Du hast eine neue Freundschaftsanfrage"

las Fly.

„Madman möchte dein Freund sein."

Sie hielt eigentlich nichts von diesen Anfragen, sah aber auch keinen Grund, sie abzulehnen.

„Du hast eine neue Freundschaftsanfrage"

„Du hast eine neue Freundschaftsanfrage"

las Stuff.

„Madman möchte dein Freund sein."

„Cabrita möchte dein Freund sein."

Stuff dachte im Bezug auf diese Anfragen ähnlich wie Fly, sah aber auch keinen Grund, sie abzulehnen.

Cabrita und Madman lebten ihre Beziehung sehr offen aus und teilten z.B. den im Raum Anwesenden mit, wenn sie sich zum Telefonsex verabredeten. „Warum telefoniert ihr nicht ?" fragte sie Stuff und butterfly immer wieder und mit der Zeit wuchs in ihm der Wunsch, Fly's Stimme zu hören.

Cabrita flüstert: Stuff würde so gerne mit dir telefonieren, willst du ihm nicht deine Handynummer geben?

Dies war einer der wenigen Momente, an denen Fly froh war, dass sie nur einen sehr schlechten Handyempfang im Haus hatte. Wenn man das Handy an eine bestimmte Stelle ans Fenster stellte, empfing es ein schwaches Signal, so dass z.B. eine SMS ankommen konnte, aber telefonieren war so nicht möglich.

butterfly flüstert: Hab hier keinen Handyempfang

Cabrita flüstert: Dann gib ihm doch deine Festnetznummer

Butterfly hatte keine Lust, Cabrita über ihre Situation aufzuklären. Wenn Stuff sie zu seiner Vertrauten gemacht hatte, war das seine Angelegenheit, sie hatte es nicht vor.

16

Je mehr sich Stuff mit Cabrita austauschte, desto mehr versuchte sie, Einfluss auf ihre Beziehung zu nehmen. Butterfly war sich nicht sicher, ob es einfach ihr Geltungsbedürfnis war oder ob andere Motive dahintersteckten.

[Cabrita]: Offensichtlich investierst du viel mehr als sie

las sie eines Tages, als sie den Chat betrat. Wollte Cabrita bewusst einen Keil zwischen sie und Stuff treiben? Sie lies sich nichts anmerken und tat, als ob sie die Bemerkung nicht gelesen hätte.

Cabrita ließ auch nicht locker, die Vorteile des Telefonsex anzupreisen und drängte sie nahezu, mit Stuff zu telefonieren.

Cabrita flüstert: Er würde so gerne mit dir telefonieren und traut sich nicht, dir das zu sagen

Es war nicht seine Art, sie zu etwas zu drängen, von dem er wusste, dass sie es nicht wollte, aber es war auch nicht seine Art, jemand anderen vorzuschicken, also ignorierte sie das stetige Drängen Cabritas. Die Tatsache, dass in letzter Zeit meist Stuff und Cabrita schon im Casino waren, wenn sie den Chat betrat, registrierte sie zwar, maß ihr aber keine Bedeutung bei. Das Casino war inzwischen ihr Eintrittsraum in den Chat, weil dort meist wesentlich weniger Besucher waren als im Café.

Butterfly betritt den Chat

[butterfly]: Hi lieber Stuff #bussi Hi Cabrita

[Stuff]: Fly, bitte sei jetzt nicht geschockt, ich muss dir etwas sagen

[butterfly]: So schnell bin ich nicht zu schocken

[Stuff]: Ich verstehe, wenn du jetzt sauer auf mich bist

Cabrita flüstert: Ruf mich dringend an, meine Telefonnr. ist 017........

[butterfly]: mach's nicht so spannend

Stuff flüstert: Ich hab am Wochenende eine Frau kennengelernt

butterfly flüstert: schön...

Stuff flüstert: ....und hatte auch Sex mit ihr...jetzt ist es raus

Cabrita flüstert: mein Handy liegt neben mir, du kannst mich sofort anrufen

butterfly flüstert: und wo ist das Problem?

Stuff flüstert: Ich dachte, du bist jetzt sauer auf mich

Cabrita flüstert: ich bin noch eine Weile hier – tu nichts Unüberlegtes – ruf mich unbedingt an

Stuff flüstert: Soll ich dich jetzt eine Weile alleine lassen?

butterfly flüstert: ja, ist vielleicht kein Fehler....

Stuff verläßt den Chat

[Cabrita]: Verurteile ihn nicht...

Das aufdringliche Gesülze von Cabrita ging ihr auf den Wecker und war das Letzte, was sie jetzt gebrauchen konnte.

butterfly verläßt den Chat

17

Du hast eine neue Nachricht in deinem Postfach!

Angespannt klickte er auf „Postfach öffnen" und dort auf den verschlossenen Briefumschlag, das Symbol für ungelesene Nachrichten.

„Liebster Stuff", las er

„ich finde es sehr schön, dass du eine Frau gefunden hast, deren Körper du real spüren kannst.

Du hast mir vor längerem einmal geschrieben, dass der Wunsch, meinen Körper real zu spüren, deinem Herzen manchmal Schmerzen bereitet und ich habe dir zurückgeschrieben, dass mich das sehr traurig macht und ich dir von ganzem Herzen wünsche, dass du jemanden findest, den du real spüren kannst und der deinem Herzen keine Schmerzen bereitet – ich hoffe, du erinnerst dich. Ich liebe dich wirklich und wünsche mir von ganzem Herzen, dass du glücklich bist. Zwischen uns ist soviel geschehen und das wird bleiben und ich bin sicher, dass unser Kontakt nicht völlig abbrechen wird, auch wenn sich seine Art vielleicht ändern wird :) Wenn du möchtest, können wir eine Pause einlegen....#bussi

„Liebste Fly,

ich bin froh, dass du nicht sauer bist, aber ich musste es dir einfach sagen, auch wenn es vielleicht dumm von mir war...#bussi"

„Liebster Stuff,

nein, es war nicht dumm von dir. Mir ist es lieber, ich weiß es und du kannst offen sagen: morgen komme ich nicht, da bin ich mit... verabredet und musst nicht herumdrucksen. Magst du mir sagen wie sie heißt? Dann muss ich nicht immer ....schreiben :) #bussi"

butterfly betritt den Chat

[butterfly]: Hallo zusammen

[Dom42]: Hi butterfly

[Aureus]: Hi fly

[Stuff]: Hi Fly #bussi

Stuff flüstert: bist noch sauer?

butterfly flüstert: nein, war ich nie. Hab bloß nicht verstehen können, wieso ihr alle versucht habt, mir einzureden, dass es ein Drama für mich sein müsse.

butterfly flüstert: da ich aber noch nicht weiß – und du womöglich auch noch nicht – wie sich deine neue Beziehung weiterentwickelt, schlage ich vor, dass wir uns einfach eine Weile nicht hier sehen.

Stuff flüstert: Ich habe nicht gesagt, dass es eine Beziehung ist

butterfly flüstert: ok – dann lassen wir es auf uns zukommen....

Die nächsten Abende verliefen wie immer und Stuff verbrachte seine sämtlichen freien Abende mit ihr. Eine neue Beziehung schien es tatsächlich nicht zu geben. War es wirklich eine einmalige Affäre gewesen oder war das Ganze nur vorgetäuscht – eine Idee von Cabrita mit dem Ziel, sie unter Druck zu setzen und zu mehr Zugeständnissen wie z.B. Telefonkontakt zu bewegen? Stuff wäre auf eine solche Idee sicher nicht gekommen – aber konnte er sich so sehr von Cabrita beeinflussen lassen? Sie grübelte, aber richtig logisch schien ihr keine der Erklärungen, die ihr so durch den Kopf gingen. Und letztendlich war es ihr auch nicht wirklich wichtig. Eins war sicher: mit ihrer Reaktion hatte niemand gerechnet und sie fragte sich, ob es ihr wirklich so wenig ausmachte, wie sie geschrieben hatte. Sie liebte Stuff wirklich und wünschte ihm von ganzem Herzen, dass er glücklich wäre. War das der kleine Unterschied zwischen lieben und dem Wunsch, geliebt zu werden?

18

Die nächsten Wochen vergingen, als ob es diese Episode nie gegeben hätte und sie verbrachten soviel Zeit miteinander wie möglich. Manchmal sinnierte sie, wie lange sie ihre Beziehung wohl in diesem Stadium würde halten können. Es tat ihr so gut und sie spürte, wie sie neue Kraft daraus schöpfte und schon verloren geglaubte Energie zurückkehrte. Früher hatte es sie glücklich gemacht, wenn sie etwas Schönes erschaffen hatte und sie hatte viel Zeit in ihrer Keramikwerkstatt verbracht. Sie war zum Glück nicht auf Einkünfte aus ihren Arbeiten angewiesen und konnte es sich deshalb leisten, ihre Werke ohne Rücksicht auf den Geschmack potenzieller Käufer zu gestalten und hatte über einen langen Zeitraum eine große Befriedigung daraus geschöpft. In letzter Zeit fehlte ihr jedoch jegliche Motivation und ihre Werkstatt war nach und nach zu einem Abstellraum für Gartenwerkzeuge umfunktioniert worden. Nun schaute sie ihre früheren Werke wieder häufiger an und verspürte ein Kribbeln in den Händen. Allerdings dauerte es nicht mehr lange bis zu ihrem erneuten Start in den Winterurlaub in Andalusien – sie hatte im Sommer eine unerwartete und längst vergessene Versicherung ausbezahlt bekommen und beschlossen, sich mit diesem Geld noch ein Jahr zusätzliche Auszeit zu gönnen und in dieser Zeit ihre weiteren Perspektiven zu klären. In Andalusien würde sie keinen Brennofen haben. Aber die Motivation war wieder da und so holte sie eine schon lange in ihrem Hinterkopf schwebende Idee wieder hervor – Gestalten mit Beton. Dazu brauchte sie keinen Brennofen und könnte auch im Urlaub einige Versuche machen. Mit dem Werkstoff hatte sie ein wenig Erfahrung, da sie bei dem Ausbau ihres Hauses einige Putz – und Maurerarbeiten selbst übernommen hatte und nach ein paar zusätzlichen Internetrecherchen ging es ab in den Baumarkt. Schon die ersten Versuche fand sie recht gelungen. Die Umstellung war zwar groß und es gab auch einige Fehlschläge, insbesondere, wenn sie versuchte, bisher gewohnte Techniken auf den neuen Werkstoff zu übertragen, aber das spornte sie nur zu neuen Versuchen an. Sie spürte, wie sie nach und nach die schon verloren geglaubte Energie zurückgewann und freute sich über jedes neue gelungene Werkstück.

19

„Liebste, heute mittag war ich im Wald spazieren und hab viel an dich gedacht. Schau mal in meine Galerie :)"

Neugierig öffnete sie sie seine Fotogalerie und fand ein neues Foto mit einem gerade eben erblühten Schneeglöckchen. Er wußte, dass sie Blumen liebte und sie schmunzelte innerlich – zum ersten Mal hatte er ihr Blumen geschenkt.

Sie fotografierten beide gerne und versuchten so oft als möglich, dem anderen ihre Tageserlebnisse auch durch Fotos, die sie in ihre Galerien einstellten, nahe zu bringen. Seine Harley vor dem Ortsschild von Gérardmer, ein Wein auf der Theke vom Clubhaus, ein Foto von ihrem Zimmer oder von dem Sonnenuntergang in einem Dorf in Andalusien …….

Bei einem ihrer Spaziergänge fielen ihr ein paar bemooste Äste auf, die ein X sowie ein S darstellten und sie fand es lustig, in der Natur nach Buchstaben zu suchen und setzte sich zum Ziel, Abbildungen von allen Buchstaben des Alfabets in der Natur zu finden und zu fotografieren. S, T,U,F hatte sie schon bald in ihrer Sammlung und obwohl sie nur ein einfaches Fotoprogramm auf ihrem Laptop hatte, gelang es ihr, eine Fotomontage mit seinem Namen und einem Schmetterling zusammenzustellen. Die Werbung einer Druckerei, die sie normalerweise sofort in den Papierkorb klickte, kam ihr diesmal gerade recht und sie bestellte einen Abzug in Postergröße und ließ es an seine Adresse schicken.

20

[Stuff]: Guten Abend Liebste #bussi

[butterfly]: Guten Abend Liebster #bussi

[Stuff]: Du bist ja genauso verrückt wie ich #flirt

[butterfly]: lach...hast du heute etwa Post bekommen?

[Stuff]: ja, und es war eine echte Überraschung #kuss

[butterfly]: hab ein wenig herumgespielt und wollte, dass du etwas von mir hast :)

[Stuff]: muss mir nur noch überlegen, wo ich es aufhänge....

[butterfly]: wirst schon einen Platz finden - vielleicht in deiner Garage, da bist du ja recht häufig...

[Stuff]: Ist eine gute Idee, werd mal schauen.....

[Stuff]: Schade, dass wir uns vor der Nachtschicht immer nur so kurz sehen können. Heute werde ich wieder im Labor sein und wünschte mir, du wärest bei mir. #anhimmel

[Stuff]: Wenn du magst, kannst du mir ja mal eine SMS schreiben, hab mein Handy eingeschaltet......Ich denke bei der Arbeit so oft an dich ...#bussi"

Da der Handyempfang in ihrem Haus sehr schlecht war, wäre auch das Schreiben von SMS mühsam und sie hatte es nie in Erwägung gezogen. Nun, da er es sich so sehr wünschte und sie ihm gerne etwas Freude in seinen Arbeitsalltag bringen wollte, fiel ihr ein, dass es wohl eine Möglichkeit gab, SMS über das Internet zu versenden.

„SMS Internet kostenlos" gab sie ins Suchfeld ein, speicherte eine Auswahl von 3 verschiedenen Seiten ab und um 22 Uhr schickte sie die erste SMS ab.

„Liebster, bin in Gedanken bei dir" tippte sie in die Eingabemaske, klickte auf eins der Werbebanner, um die Nachricht zu versenden und stellte ihr Handy an die Stelle am Fenster, wo es das schwache Signal empfangen konnte.

5 Minuten später blinkte das grüne Licht.

„Freu mich ganz arg – bin gerade im Pausenraum und trinke einen Kaffee – soll ich dir auch einen holen? :)"

„Gute Idee – aber ohne Milch und Zucker! :)"

Ab diesem Tag genoss es Stuff, dass sie ihn auf seinen Schichten begleitete. Manchmal begleitete sie ihn als Schmetterling, streichelte ihn mit ihren Flügeln und er trug sie vorsichtig auf seiner Schulter mit sich.

„Ich schau gerade in die Sonne und schicke einen Strahl von ihr mit einem Kuss zu dir"

„Ist angekommen – hab ihm auf seinem Rückweg auch einen dicken Kuss mitgegeben :)"

Wie Kinder konnten sie sich in ihre Fantasiewelt hineinversetzen und genossen es.

„Schau mal in den Mond – heute ist Vollmond...."

„ so fern und doch so nah...in dieser schimmernden Vollmondnacht...." zitierte sie aus dem Gedicht, das sie ihm an die Pinnwand geheftet hatte.

Der Vollmond war inzwischen zu einem besonderen Symbol für sie geworden, ebenso wie der Wolf. Stuff hatte sich vor langer Zeit einmal einen Wolf auf seinen linken Oberarm tätowieren lassen und sie streichelte ihn oft. Als sie in einem Souvenirladen ein T-shirt mit einem Wolfsmotiv sah, kaufte sie es. Im Clubhaus der „Born to be wild" gab es Wolfenweiler Rotwein, einen Wein aus der Region mit einem Wolfskopf auf dem Etikett, mit dem er ihr abends manchmal zuprostete und von dem er einmal 3 Flaschen für sie bei ihren Nachbarn abgegeben hatte.

21

Sie waren jetzt schon über ein Jahr zusammen und trafen sich mindestens einmal täglich im Chat, manchmal auch mehrmals und während der Arbeit schaute er immer wieder auf sein Handy und freute sich über jede SMS. Seine Kollegen bemerkten es und schmunzelten nur, sie mochten ihn und seine ruhige und ausgeglichene Art. Er war meist gut gelaunt, lachte viel und seine positive Ausstrahlung wirkte ansteckend. Er wirke irgendwie gelöst, fanden sie, strahle eine innere Ruhe und Gelassenheit aus und wirke selbst in Konfliktsituation ausgeglichen und sie hatten ihn nach seinem Rezept gefragt. Er selbst hatte es auch bemerkt – hatte sein Rezept aber geheimgehalten, denn er bezweifelte, ob sie seine Beziehung zu Fly nachvollziehen konnten.

Auch Fly hatte Veränderungen an sich bemerkt. Sie hatte wieder Freude daran, schöne Dinge zu gestalten und mit offenen Augen nach Besonderheiten in der Natur zu schauen. Ihre Leidenschaft für die Kunst des Suiseki – eine vor allem in Asien praktizierte Art, besondere Steine auf eine besondere Art und Weise zu präsentieren – war wieder erwacht und sie achtete bei ihren Strandspaziergängen nun auf interessant geformte oder gezeichnete Steine und gestaltete kleine Kunstwerke daraus. Und als eine Schweizerin ihr erzählte, dass sie für einen Kusthandwerkermarkt in der Schweiz im nächsten Sommer Halsschmuck aus Stoff herstellen wollte, ließ sie sich gerne anstecken und experimentierte mit Stoffen, Garnen, Muscheln und Anhängern. Sie sprühte vor Energie, steckte ihre Umwelt an und irgendwann bemerkte jemand: „Du lachst fast immer, wenn man dich trifft!"

Ihre Garderobe, auf die sie in letzter Zeit nicht mehr soviel Wert gelegt hatte, ergänzte sie um ein paar kleine Teile und wählte jedes unter dem Aspekt aus, wie sie am vorteilhaftesten Stuff gegenübertreten könnte.

Auch Stuff stellte sich vor, wie er wohl auf Fly wirken würde, wenn sie sich sähen und das Fitnessstudio in seiner Stadt hatte ab diesem Zeitpunkt einen neuen Kunden.

22

Das Läuten des Telefons holte sie aus dem Garten. Es war ihre Tochter, die ankündigte, dass sie in ca. 1 Stunde eintreffen würden. Auch wenn es manchmal anstrengend war, freute sie sich doch vor allem immer auf den Kleinen. Diesmal wollte sie mit ihm einen Ausflug in den nahegelegenen Wildtierpark machen. Er war jetzt 5 Jahre alt und hatte ihr geschrieben, dass er gerne einmal einen echten Wolf sehen würde und da der Wolf inzwischen eine besondere Bedeutung für sie hatte, freute sie sich auch darauf.

Das Wolfsgehege war sehr groß und zuerst konnten sie außer Büschen und Bäumen dort nichts erkennen. Ein wenig enttäuscht gingen sie weiter und plötzlich entdeckten sie ihn: Ein großes, kräftiges Tier trat aus den Büschen heraus und schaute in ihre Richtung. Fly gab dem Kleinen das Fernglas und sie selbst schaute fasziniert auf das schöne Tier. Er blieb eine Weile reglos stehen und sie bildete sich ein, er schaue sie hungrig und traurig zugleich an. Dann drehte er sich langsam um und ein orangefarbener Schmetterling, der Fly vorher umkreist hatte, flog auf ihn zu und begleitete ihn auf seinem Weg zurück. In sich versunken blickte sie noch eine Weile auf das Unterholz, in dem die beiden verschwunden waren, und das Bild der zwei prägte sich fest in ihrem Kopf ein.

Wie lange würden die zwei zusammenbleiben? Sie war jetzt über ein Jahr lang mit Stuff zusammen, wie lange würde es so noch weitergehen? Sie waren glücklich und strahlten das auch nach außen hin aus. Und glückliche Menschen wirken anziehend....

Sie malte sich die folgenden Szenen aus:

23

Es war ein sonniger Tag und Stuff hatte schichtfrei. Er beschloss, wie schon häufiger, einen Kaffee in dem Café, das von der Webcam der Stadt erfasst wurde, zu trinken und Fly dabei zuzuwinken. Sie hatte ihn gesehen und ihm per SMS einen dicken Kuss gesandt. Er lächelte, als er die SMS las und in dem Moment fragte eine weibliche Stimme: „Entschuldigung, ist hier noch ein Platz frei? Alle Tische sind besetzt....""Ja, bitte" antwortete er und sah schmunzelnd weiter auf sein Handy. „Sie haben wohl eine schöne Nachricht erhalten," lachte die Frau „man sieht es Ihnen an – lassen sie sich bitte nicht durch mich stören" und zog ein Buch aus ihrer Tasche.

„Nein, Sie stören nicht und ja, es war eine angenehme Nachricht „ erwiderte er.

„Ich bin auch nur kurz hier, muss in einer Viertelstunde wieder im Geschäft sein, aber die Sonne tut so gut...."

„Ja, nach den letzten kühlen Tagen kann man sie richtig genießen..."

Sie bestellte einen Cappuccino und sie unterhielten sich noch ein wenig über das Wetter. Nach einer Viertelstunde zahlte sie, wünschte ihm noch einen schönen Tag und ging auf das Spielwarengeschäft an der einen Ecke des Platzes zu.

Eine Woche später wiederholte sich die Szene fast und beide mussten darüber lachen.

„Das erinnert mich an den Film „Und ewig grüßt das Murmeltier", kennen Sie den?" fragte sie.

„Ja, bei dem sich immer der vorherige Tag wiederholt...."

lachte er.

„Um die Zeit und bei dem Wetter sind die Tische hier jetzt ziemlich belegt" erwiderte sie. „Aber ganz schlimm muss es ja am Wochenende in der neuen Kneipe hier, im „Oliver's" gewesen sein. Dort soll es sehr gute Musik geben und in einer Lautstärke, bei der man sich auch noch unterhalten kann. Waren Sie schon mal dort?"

„Nein, hab nur von der Eröffnung gelesen, will mir's aber auch demnächst mal anschauen."

„Ich denke, unter Woche ist es vielleicht nicht so schlimm, ich werde heute Abend mal reinschauen."

„Wann sind Sie dort – oder ist das jetzt unpassend?" lachte er.

„Nein, ich hab mich Ihnen ja auch hier so quasi aufgedrängt," lachte sie zurück, „so gegen 21 Uhr hatte ich gedacht."

„Ok – also bis 21 Uhr?"

„Bis dann."

Stuff konnte es im Moment gar nicht fassen – er hatte sich ganz spontan verabredet, ohne zu überlegen, ohne große Gedanken. Es ist einfach passiert, dachte er, aber er freute sich darauf.

Du hast eine neue Nachricht in deinem Postfach!

„Liebste Fly,

dieser Brief ist der schwerste, den ich je geschrieben habe, und ich hoffe, ich schaffe es, mich richtig auszudrücken. Mein Gefühlsleben ist im Moment total chaotisch und habe das Gefühl, ich habe es irgendwie nicht im Griff. Ich liebe dich und kann mir nicht vorstellen, ohne dich zu sein – aber im Moment komme ich vor, als ob meine Gefühle „fremdgehen" - wie man früher so sagte. Ich weiß, dass du es nicht verurteilst und dass ich kein schlechtes Gewissen haben muss – aber ich bin total verwirrt. Ich habe eine Frau kennengelernt, die Gefühle in mir erweckt hat, wie ich sie in letzter Zeit nur dir gegenüber empfunden habe. Ich komme mir irgendwie schäbig vor, wenn ich dich mit meinen Gefühlen gegenüber einer anderen Frau belästige – aber wir waren immer offen zu einander und deshalb will ich versuchen, dir dies nicht als mein Problem, sondern einfach als Zustand zu schildern. Wenn ich mit ihr zusammen bin, kann ich alles rund um mich herum vergessen und es ist sehr schön....und wenn ich morgens allein in meinem Bett aufwache, bist du bei mir und manchmal verschmelzen eure Bilder. Und dann habe ich das Gefühl, ich tue sowohl dir als auch ihr Unrecht.....dabei liebe ich dich und auch meine Gefühle ihr gegenüber sind aufrichtig......Ich möchte niemandem weh oder unrecht tun und ich bin mir nicht sicher, ob ich meine Gefühle nicht in irgendeine Bahn lenken sollte – aber in welche? Liebste, wenn du das jetzt alles als ziemlich konfus empfindest, hast du Recht – es spiegelt einfach das Wirrwarr in meinen Gedanken wieder....Ich weiß nicht mehr, was richtig ist und was falsch, was gut ist und was schlecht.....

Du hast eine neue Nachricht in deinem Postfach

„Liebster Stuff,

was sollte an deinen Gefühlen schlecht oder unrecht sein? Unsere Liebe ist etwas Wunderbares und Großartiges, sie tut uns beiden so gut und hat uns eine sehr schöne Zeit miteinander verbringen lassen. Sie hat uns verändert, hat uns schöner und sicherer, ruhiger und gelassener gemacht, hat uns intensive Momente geschenkt und sie wird immer in unseren Herzen bleiben. Und sie hat unsere Herzen groß werden lassen, so dass viel Platz in ihnen ist :). In Zeiten und Kulturen, in denen ein Mann eine Familie ernähren muss, ist es vielleicht sinnvoll, Liebe mit Besitzanspruch zu koppeln, ein moralisches Gerüst zu konstruieren, in dem ein Mann nur Gefühle für eine Frau haben darf, damit der Fortbestand der Familie und der Nachkommen nicht gefährdet ist. Aber über diesen Punkt sind wir beide hinaus :) Ich freue mich wirklich, dass du eine Frau gefunden hast, die dir das, was du an unserer Beziehung vermisst hast – den echten körperlichen Kontakt – geben kann. Aber ich sehe sie nicht als Konkurrenz, sondern eher als Ergänzung für dich. Ich bin mir sicher, dass unsere Liebe fortbestehen wird - ihre Art und unser Umgang miteinander wird sich vielleicht ein wenig verändern. Unsere Liebe hat unsere Herzen geöffnet, hat sie groß und stark gemacht, so dass durchaus mehr als eine Person Platz darin finden kann :)

Ich denke, dass jede Beziehung etwas eigenes und einzigartiges ist. Es ist im Moment sicher nur ungewohnt für dich und weil es in unserer Gesellschaft auch nicht akzeptiert ist, fällt es dir schwer, damit umzugehen.

Gib eurer Beziehung eine Chance, sich zu entwickeln. Sie ist noch sehr jung und braucht deshalb viel Aufmerksamkeit – unsere Liebe ist bereits gewachsen und stabil, sie wird auch im Hintergrund weiterbestehen! Wir haben immer wieder mal Zeiten erlebt, in denen wir uns im Chat nicht sehen konnten und uns nur über das Postfach oder per SMS verständigt haben – lass es uns jetzt auch so halten. Ich werde immer mal wieder nach meinen Nachrichten schauen und wenn du das Bedürfnis hast, mir zu schreiben, dann tu es!

Unsere Beziehung hat mir soviel gegeben und der Gedanke an dich wird mich immer zum Lächeln bringen :)

Ich liebe dich!

Du hast eine neue Nachricht in deinem Postfach

Ich liebe dich!

24

Würde es jemals soweit kommen? Oder würden sie sich eines Tages real gegenüberstehen? Oder würde es eine komplett andere Wendung geben? Es war ihr im Grunde ihres Herzens egal. Die Zunkunft war offen und sie dachte an das Zitat, das er ihr an die Pinnwand geheftet hatte:

„Vergangenheit ist Geschichte...
Zukunft ist Geheimnis...
- aber jeder Augenblick ist ein Geschenk "

Hinweis:

Die Personen, Namen, Orte und Nicks in diesem Buch sind frei erfunden. Ähnlichkeiten mit lebenden oder verstorbenen Personen oder Nicks sind rein zufällig und unbeabsichtigt.

www.ingramcontent.com/pod-product-compliance
Lightning Source LLC
La Vergne TN
LVHW052316060326
832902LV00021B/3919